YR AMSER GORAU ERIOED!

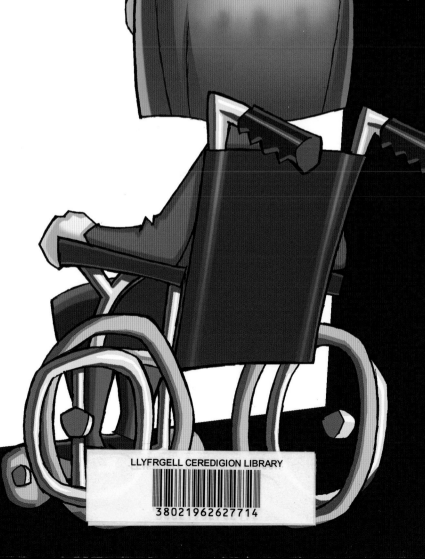

I Daisy, Tove a Catrin gyda chariad wrth Mam-gu;
Kieran, Izabelle a Cassidy gyda chariad wrth Mam-gu Jen ~ J.S.

I Joseff, Jacob, a phob plentyn drygionus arall ~ G.H.

Cyhoeddwyd gyntaf yng Nghymru yn 2010 gan
Wasg Gomer, Llandysul, Ceredigion, SA44 4JL

ISBN 978 1 84851 238 2

ⓟ y syniad: Jenny Sullivan, 2010
ⓟ y lluniau: Graham Howells, 2010
ⓟ y testun Cymraeg: Elin Meek, 2010

Mae Elin Meek a Graham Howells wedi datgan eu hawl
dan Ddeddf Hawlfreintiau, Dyluniadau a Phatentau 1988
i gael eu cydnabod fel awdur ac arlunydd y llyfr hwn.

Dymuna'r cyhoeddwyr gydnabod cymorth
Adrannau Cyngor Llyfrau Cymru.

Argraffwyd a rhwymwyd yng Nghymru gan
Wasg Gomer, Llandysul, Ceredigion.

YR AMSER GORAU ERIOED!

Jenny Sullivan · Graham Howells

Addasiad Elin Meek

Gomer

Sylwodd Mam ddim ar gwmwl taranau Cari wrth iddi ei helpu i baratoi ar gyfer yr ysgol.

Sylwodd Dad ddim chwaith wrth iddo fe ei rhoi yn ei chadair olwyn. 'Techniquest, ie? Dyna gyffrous, yntê?'

'Hmmm,' atebodd Cari.

Ar y palmant tu allan i'r ysgol, roedd
yr athrawon yn rhoi pawb mewn rhes.

'Paid, Dewi Goronwy!' meddai Mr Lewis
yn flin. 'Dewch, bawb, fesul dau, YR EILIAD
HON! Pam na allwch chi i gyd ymddwyn
yn dda fel Cari?'

Hmmm! meddyliodd Cari.
Does dim dewis 'da fi.

Yn Techniquest, siaradodd Mr Lewis yn blwmp ac yn blaen. 'Fe gewch chi fynd ble bynnag y mynnwch chi, ond cofiwch – bydd pawb yn gwybod mai o Ysgol y Cwm rydych chi'n dod!'

'Fe wthia i di,' meddai Nia.

'Dim diolch,' meddai Cari, a'r cwmwl taranau'n mynd yn fwy ac yn dduach o hyd.

'Dere gyda ni,' meddai Bedwyr.

'Alla i ddim,' meddai Cari wrth wylio'i ffrindiau'n gwasgaru i bobman, yn llawn sbort a sbri.

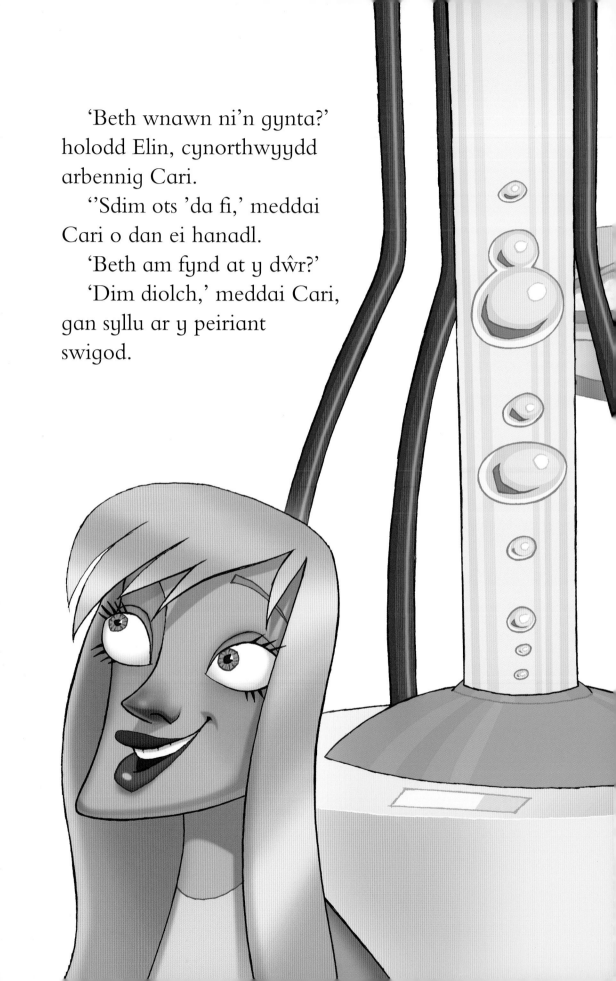

'Beth wnawn ni'n gynta?' holodd Elin, cynorthwyydd arbennig Cari.

''Sdim ots 'da fi,' meddai Cari o dan ei hanadl.

'Beth am fynd at y dŵr?'

'Dim diolch,' meddai Cari, gan syllu ar y peiriant swigod.

'Bwlis!' meddai Cari. 'Mae'r swigod mawr yn bwyta'r rhai bach.'

'Tybed beth yw hwn?' meddai Elin, gan wlychu ei dwylo a throi'r dolenni.

Gwnaeth y bowlen sŵn rhyfedd ac yna, dechreuodd hi dasgu dŵr, fel hud a lledrith!

'Rho gynnig arni!' meddai Elin.

''Sdim pwynt,' cwynodd Cari. 'Dwi'n gwybod beth sy'n digwydd nawr.'

Wedyn aeth Elin draw at falŵn enfawr.
'Gad i mi weld,' meddai hi. 'Rwyt ti'n gwasgu'r
botwm 'ma nes bod y balŵn yn ddigon poeth i godi.
Mae hynny'n swnio fel
hwyl a sbri, on'd yw e,
Cari?' Plygodd Elin
dros y peiriant.
'Os eistedda i
fan hyn,' meddai
hi, 'efallai y
gallwn ni . . .'

Ond roedd gan Cari syniadau eraill. Yn gyntaf, daeth o hyd i bêl enfawr yn llawn o hylif lliw.

Gwthiodd yr ymyl, a dyma'r bêl yn dechrau symud. 'Gwych!' meddai Cari.

Wedyn, dyma hi'n gweld lle arbennig i guddio . . .

Yn y tywyllwch, roedd popeth yn pefrio ac yn disgleirio. Tu fewn i'r sffêr roedd storm dawel o fellt a tharanau. Gwasgodd Cari ei llaw yn erbyn y gwydr llyfn. Gwnaeth y mellt iddi neidio. Dyna hwyl!

Gwnaeth yr un peth drosodd a throsodd. Anhygoel!

Wedyn clywodd hi lais Elin. 'Cari? Ble wyt ti?' Roedd Elin yn swnio'n ddig.

'Cari? Oes rhywun wedi gweld Cari?'

O na, meddyliodd Cari. *Gobeithio na ddaw hi i mewn fan hyn.*

Wedyn daeth fflach ddisglair i synnu Cari a gwneud iddi gau ei llygaid.

Trodd ei chadair o gwmpas. Dyna ryfedd! Roedd ei chysgod yn dal ar y sgrin.

Dyna gyffrous, meddyliodd. *Ble alla i fynd nesa?*

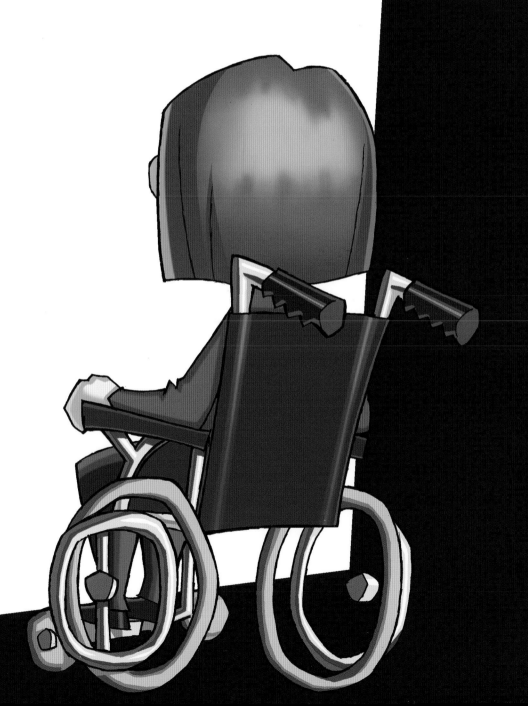

Gwthiodd Cari ei hun draw at y lifft ac arhosodd i rai pobl ddod allan cyn iddi hithau fynd i mewn iddo.

Wrth iddi fynd i fyny, gallai hi weld ei ffrindiau i gyd oddi tani. *Mae hyn yn WYCH*! meddyliodd.

Aeth hi i fyny ac i lawr ac i fyny yn y lifft bedair gwaith cyn dod allan.

Ar y llawr cyntaf, gwibiodd Cari ar draws nodau'r piano a chwarae alaw ddoniol â'i holwynion.

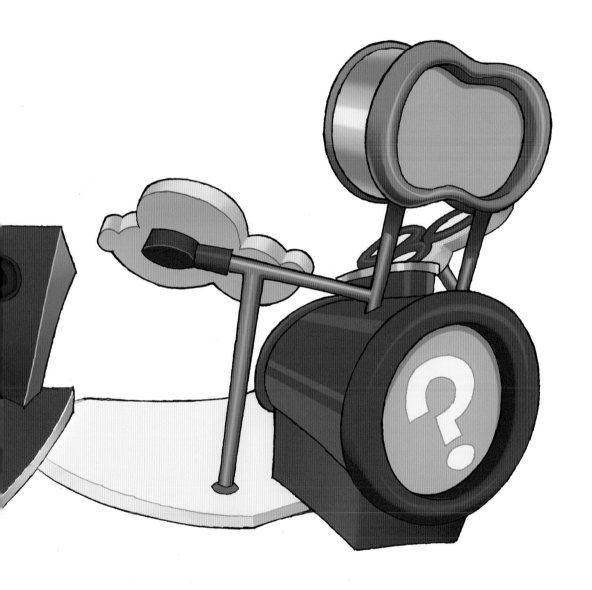

Curodd y drymiau nerth ei breichiau,
yna rhoddodd hi ei llaw ar bolyn metel.
Daeth sgrech anhygoel o wichlyd ohono.

Waw! Dyna sbort, meddyliodd Cari. Roedd
ei chwmwl mawr du bron â diflannu.

Gwthiodd ei hun draw at y wal bellaf,
ac yno bu bron iddi syrthio allan o'i chadair
mewn sioc.

'Fe dwyllais i di!' gwaeddodd Dewi. 'Roeddet ti'n meddwl bod fy mhen wedi'i dorri bant, on'd oeddet ti?'

'Dim ond am eiliad,' meddai Cari.

'Dim ond drych yw e,' meddai Dewi. 'Hei, wyt ti'n gwybod bod pawb yn chwilio amdanat ti?'

'Ydw,' chwarddodd Cari.

Gwenodd Dewi. 'Beth wnawn ni nesa?'

'Cuddio yn y stafell dywyll?' awgrymodd Cari.

Ar y ffordd i'r lifft, gwthiodd Dewi gadair Cari'n gyflym gan wneud iddi wichian chwerthin.

Pan aethon nhw yn y lifft, welodd neb mohonyn nhw.

Ar ôl iddyn nhw ddod allan, daethon nhw o hyd i
diwb mawr gwag yn y gornel a gweiddi i mewn iddo
fe. 'Iwwwwww–hwwwwww!'

Atseiniodd y tiwb. *'Iwwwwwww-hwwwwwww-wwww!'*

Clywodd pawb yr *Iwwwwwww-hwwwwwww-wwww*!
Hyd yn oed yr oedolion.

'Dyna lle rwyt ti, y ferch ddrwg!' bloeddiodd Elin.
'Doedd dim syniad gen i ble roeddet ti!'

Dywedodd Mr Lewis y drefn wrth Cari. 'Cari,' meddai. 'Rydyn ni i gyd wedi bod yn chwilio amdanat ti. Doeddwn i ddim yn meddwl y byddet *ti'n* camfihafio!'

Gwenodd Cari o glust i glust. Roedd ei chwmwl taranau mawr du wedi diflannu.

'Gest ti amser da heddiw, cariad?' gofynnodd Mam
wrth iddi roi cusan nos da i Cari.

'Yr amser gorau erioed!' meddai Cari'n flinedig.

YNGLŶN Â TECHNIQUEST

Dychmygol yw ymweliad Cari â Techniquest, ond mae miloedd o blant bob blwyddyn yn ymweld â'r ganolfan gyffrous hon yng nghalon Bae Caerdydd.

Sefydlwyd Techniquest yn 1985, ond yn gyflym iawn, aeth yn rhy fawr i'r safle gwreiddiol a symudodd i Ganolfan Wyddoniaeth bwrpasol gyntaf y Deyrnas Unedig yn 1995. Mae'n croesawu ymwelwyr o bob math: unigolion, teuluoedd a grwpiau sy'n gallu mwynhau dros 120 o wahanol weithgareddau.

Cyn ei hymweliad hi, mae Cari'n dychmygu na fydd hi'n gallu gwneud popeth drosti hi ei hun. Ond, cyfrinach llwyddiant Techniquest yw fod modd i gynifer o bobl â phosib gymryd rhan yn y gweithgareddau a'r tasgau i gyd. Ceir mynediad hawdd i gadeiriau olwyn, yn cynnwys lifft i bob rhan o'r adeilad. Caiff ymwelwyr eu hannog i drio'r holl weithgareddau sydd yno ac mae staff bob amser ar gael i helpu yn ôl yr angen. Gydag amser, daw Cari ei hun i sylweddoli cymaint y mae'n bosibl iddi hi ei wneud a daw i fwynhau'r rhyddid i arloesi ac arbrofi o fewn amgylchedd diogel.

Gall ymweliad â Techniquest fod yn brofiad cyffrous dros ben, hyd yn oed os digwydd i chi, fel Cari, ddysgu llai am dechnoleg a mwy amdanoch chi a'ch potensial chi eich hun o ymweld â'r lle.

Beth am ddarganfod mwy o wybodaeth am Techniquest drwy ymweld â'r wefan ganlynol:

www.techniquest.org